東欧民芸クリコ

かわいい衣装を探す買いつけの記録とコーディネート

誠文堂新光社

はじめに

東欧に出会ってから 20 年。
東欧民芸クリコで「旅のカケラのおすそわけ」を始めてから
10 年近くが経ちました。
カケラは、美しい民族衣装や布だったり、
味わい深い民芸品だったり、キッチュなスーベニールだったり。
時にはモノではなく、
その土地でのストーリーや空気だったりします。
旅をして出会うこと。
そのモノが生まれた場所と人を感じることを大切に、
いつも宝探しをしています。

昔の民族衣装を見ていると、どんな人がどんな想いで作って、
どんなシーンで纏ったのだろうと、
妄想が尽きることがありません。
そういう服は、見るだけでなく着ることで、時代も国境も超えて、
作り手と対話ができるような気がしています。
だからこそ、美しくオリジナリティを持って着てあげたい。
それが古いモノをバトンしていくために、
私にできる役割なのだと思っています。

この文章を書いている今、世界中が困難に立ち向かっている状況で、
次はいつ旅に行けるのか。
それどころか普通の生活すら戻らないのかもしれない。
ともすると不安とやるせなさで一杯になりますが、
新しい道を進むために必要なものは素敵な記憶。
この本を手に取ってくださった方々が、
そして、これからの自分も、
キラキラと輝く旅のカケラを集め続けることができますように。
感謝を込めて。

2020年4月　東欧民芸クリコ店主　くりやまかなこ

クリコ
東欧の旅マップ

ポーランド

アムステルダム● ●ベルリン

オランダ　　ドイツ　　　　　　●ワルシャワ

　　　　　　　　　●プラハ　　　　　　　　　　　●キエフ

　　　　　　　　　チェコ

　　　　　　　　　　　スロバキア　　　　　　ウクライナ

フランス　　　　　ウィーン● ●ブラチスラバ

　　　　　　　　　オーストリア　ブダペスト

スイス　　　　　　　　　ハンガリー

　　　　　　　　　　　　　　　ルーマニア

イタリア　　　　　　　　　　　●ブカレスト

　　　　　　　　　　セルビア

　　　　　　　　　　　　ブルガリア

　　　　　　　　　　　　●ソフィア

　　　　　　　　　北マケドニア

※掲載の衣装等の多くは私物、または販売済のものです。店舗での取り扱いがない場合が
あります ので、あらかじめご了承ください。

旅 と 刺 繍 と 民 族 衣 装

Chapter

1

クリココレクション_Part01

Sorochika

ウクライナのブラウスはソロチカとよ
ばれ、丈の長さはさまざま。男女を問
わず、大人も子どももソロチカを着る。
女性用は、そでがふっくらしていて、
そでに刺繍が多いのが特徴。

010

ウクライナ（カルパチア地方）のソロチカ

バラといちごの模様があるソロチカ。バラは愛と太陽の力を、いちごは家族を表す。赤と黒は刺繍で最もよく使われる色で、赤は人生と愛、黒は「先祖を敬う心」を表す。

kuriko's
point

身幅がすっきり、ギャザーが少なめ、珍しくえりがあるタイプなので、マニッシュに着たい。首のボタンをきちっと閉めて、黒いリボンやスカーフなどをネクタイ風に締めたり、ベストを合わせてもかわいい。手織りのしっかりとした生地なので、生地に負けないように、黒い革のブーツなど足元は強い感じで。

刺繍はクロスステッチに似た技法による。昔のソロチカは平面裁断でつくられたため、布をつなぐ刺繍も種類が豊富。

ウクライナ（カルパチア地方）のソロチカ

刺繍の模様は、生活に身近なもの、花、動物、幾何学模様が多い。身ごろに刺繍がほとんどないのは、ベストを着たり、スカートやエプロンを巻くため。

kuriko's point

手織りのリネン。古いものだけれど、刺繍の模様も色も現代的。ギャザーがなく、丈が短いのでチュニック感覚で、軽快に着てみたい。下に黒白のギンガムチェックのスカート＋カゴバッグとか、サブリナパンツ＋バレーシューズとか。シューズは刺繍の中の1色をチョイスしてもいいかも。

えり元やそで口、すそは、病気など悪いものが近づかないよう、編み飾りや細かい刺繍で飾る。

014

ウクライナ（カルパチア地方）のソロチカ

黒一色なのに華やかなぶどう模様。えり元に何重にもネックレスを巻いて着飾る。そでのふ
くらみは女性らしさを表し、切り替え部分にもいろいろな技法がある。

kuriko's point ≡ しっとりとした手織りのリネン。ほどよい落ち感、体にほどよく沿うシルエッ
トが女らしくて、こういう素材は着ると自然に仕草が優雅になります。たわみ
を楽しみたいので、ベルトをすることも。生地を寄せたり、つまんだりして動
きを出して楽しんで。

肩下のギャザーが、肩のラインを優しく見せてくれる。

ぶどう、いちごなど房をなす果物模様は家族を表す、人気のモチーフ。

えり元のジグザグ模様は山羊や羊を表す。身近な動物は刺繍の模様にも取り込まれた。

すそを飾る刺繍にはお守りの意味があり、連続する模様は永遠を表す。

ルーマニア（トランシルバニア地方）のドレス

コットン。本来巻きスカートとエプロンを合わせて着るもので、肌着の扱い。黒色だけの刺繍でも、とても表情豊か。そで、脇の切り替えステッチが特徴的。

kuriko's
point

上半身にちょっとギャザーを寄せて、太めのベルトを締めて着るとかわいい。ベルトはカラフルな織りのもの、たとえばグアテマラの民族衣装のベルトとか、派手なものが合いそう。

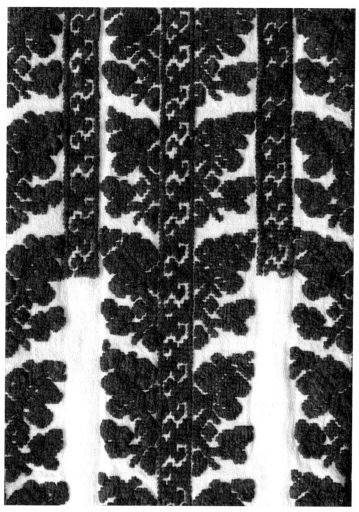

ふっくらと立体的な花の刺繍は、陰影があって繊細な印象。

020

ルーマニア（トランシルバニア地方）のドレス

コットン。ハンガリー寄りのエリアのもの。そで、カフス、胸にはピンク色でふっくらとした刺繍が。首回りとすそは赤で刺され、そでの縁飾りはかぎ針を使用している。

kuriko's point　サーモンピンクの色に一目惚れ。上にスカートを履いて、すその刺繍を見せるとかわいい。小花柄のギャザースカートとか。ボリューム感や丈感のバランスを見てください。アクセントに黄緑やブルーなどの補色を持ってきても。インにえり付きのフリルのブラウスを重ねてもかわいいですよ。

たっぷりとした厚手の生地にギャザーを寄せている。

胸部分の刺繍。布をつなぎ合わせるステッチも美しい。

ルーマニア（モルドバ地方）のドレス

コットン。ウクライナに近いエリアの刺繍ドレス。黒を基調に、紫、金を使い。どこかエキ
ゾチックなムード。

kuriko's
point

東欧のドレスを着こなすには、ベルトがおすすめ。ウェストがポイントになっ
て締まるし、姿勢もよくなって服が映えます。このドレスなら黒の太めの、バ
ックルがゴールドとか、しっかり目のデザインを。チュールのスカートなどを
上に履いてもかわいい。アクセサリーもゴールドが合いそう。

ルーマニア（ハンガリー近くのエリア）のドレス
手織りのリネン。明るい色使いのクロスステッチ刺繍、そで口、すそのかぎ針編みの装飾が
かわいい。

kuriko's point 夏はそのままサラッと着て、明るい色のバッグに、編み上げのサンダルなどが
合いそう。冬はタートルネックを下に着て重ねたり、ベストも合います。白い
ファーのバッグや、ムートンのブーツなどで、妖精っぽく着てみると楽しい。
ヘアもボリュームをつけるとボリュームのある生地や刺繍に負けない感じ。

花や葉などのモチーフをリズミカルに組み合わせている。縁の処理も細やか。

026

ルーマニア（エリア不明）のブラウス
コットン。胸と袖にたっぷり入った色とりどりの刺繍が花畑のよう。

kuriko's
point
ウエストの切り替えからから下は薄手になっているので、インして着やすい。
鮮やかなブルーや、濃いグリーンのパンツなどが合いそう。細身でくるぶしが
見えるシルエットのパンツに、スニーカーで軽快に。

幾何学模様との組み合わせがおもしろい。そで口の模様やレースも全部色を変えている。

ルーマニア（トランシルバニア地方）のドレス

手織りコットン。山あいの高地の厳しい自然環境のパドゥレニの衣装。鮮やかな赤の刺繍と
すその黒い刺繍が対照的。

kuriko's
point

がっしりと厚手で重いコットン地だけれど、ギャザーも刺繍もたっぷり。かわ
いいだけでない、力強さを感じるところが好き。太いベルトで、ウエストマー
クして、足元はワークブーツなどソリッド感があってごついタイプが似合う。

スモッキングしたそで口のギャザーとかぎ針編みの装飾が華やか。

030

ルーマニア（トランシルバニア地方）のドレス
前ページと同じパドゥレニのもの。胸とそでの刺繍は幾何学模様、スカート部分は花模様という組み合わせ。

kuriko's point 厚手のしっかりとした手織りコットン。存在感があるので、バサっと着るだけでも迫力がある。ごつい感じとかわいらしさが同居し二面性があるのが、この地方の民族衣装の魅力です。ボリュームがあるので、足元はフイダースブーツなどを合わせるとかっこいい。

前立ての刺繍。凝った幾何学模様と色合わせが美しい。

そで口の刺繍、フリルも繊細。

スカートのすその部分。レース編みの装飾がかわいい。

たっぷりとギャザーを寄せたえり元。

034

ルーマニア（モルドバ地方）のブラウス
コットン。首周りが詰まっていて、全体的にボリュームが少なめのデザイン。

kuriko's
point

二色使いの花模様＆ストライプがほどよく大人っぽく、着こなしやすい1枚。
ハイウエストの黒のパンツにインして着るとかっこいい。ピンストライプのパ
ンツなんかもいいですね。脚長に見せたい。エナメルのローファーなどで。ジ
ャケットを羽織れば、オフィスなどでもいけそう。

植物モチーフのパターンとストライプを組み合わせたデザインが特徴的。

036

ルーマニア（エリア不明）のブラウス

手織りコットン。ルーマニア、ハンガリー、セルビア、三国にまたがる地域のものと思われる。身頃もそでもギャザーたっぷりで、防寒性も高い。

kuriko's point しっかりと厚手の手織りのコットンの感触がいい。刺繍は主張しすぎない感じ。ブルーに合わせて、デニムが似合いそう。古着のオーバーオールなどをさらりと合わせるとカッコ良いかも。

そで口や首元のていねいな刺繍は、外界から身を守る意味もあるという。

ルーマニア（トランシルバニア地方）のブラウス

28ページと同じエリアのもの。しっかりとした手織りコットン地に、ボリュームたっぷりの刺繍。後からスカート部分をほどいて、この丈にリメイクされている。

kuriko's point グレーの品の良さを生かして、同系色でまとめると素敵。グレーのツイードのセンタープレスのパンツや、チュールのフリルのスカートなど、ちょっと違う素材を組み合わせて。アクセサリーは硬質のシルバーでまとめるか、刺繍の色の中から拾っても。ターコイズなど似合いそう。

グレーを基調に、ピンクやブルーをアクセントにしたデザイン性の高い花模様。

そで口の刺繍とフリルのかわいらしさがたまらない。

042

ルーマニア（トランシルバニア地方）のブラウス
トランシルヴァニア地方南部のシビウの民族衣装。黒の繊細な刺繍がストライプ状にデザインされている。

kuriko's point　黒い刺繍の分量がいい感じ。たっぷりのそでの形など、ちょっとリボンの騎士の王子様風？ ジョッパーズパンツや乗馬パンツなどを合わせて楽しみたい。えり付きのブラウスをインに着ても、黒のレースなどかわいい。

黒のテープ使いがおもしろい。もともとはテープ部分も刺繍で刺していた。

ルーマニア（エリア不明）のブラウス

マラムレシュ地方のものと思われる。手織りのリネン。カットワークやレース、さまざまな
技法が使われていて、陰影が美しい。

kuriko's ≣ えりの形がユニーク。遠目にはシンプルな白でも、近くで見るととても華やか。
point ≣ 存在感がある白を活かすには、ボトムはパンチのあって、締まるものを。たと
      ≣ えば真っ赤なパンツにゴールドの靴など、思い切った組み合わせで。

ていねいなドロンワークが美しい。スモッキング、レース編みなど細やかで高い技術。

046

ルーマニア（オルテリア地方）のブラウス
縦のライン状に施された刺繍、広がったそで口が特徴的。

kuriko's
point
黒の刺繍の縦のラインの強さがかっこいいデザイン。そで口が開いているので
リラックス感もありますね。ボトムに黒のリネンのギャザースカートなどを合
わせて、モノトーンでまとめると大人っぽい。インにタートルネックなどを重
ね着しても。

そで全体に施された刺繡。連続模様が美しい。

048

ルーマニア（トランシルバニア地方）の羊革ベスト
山岳地帯の男性用ベスト。作っているのも男性。短い丈で、びっしりと装飾が施されている。

kuriko's
point

男性用なので大きめ。アームホールが大きく空いているので、なかなか上手に
着るのは難しいですが、シンプルなロング丈のワンピースなどに合わせても。
ファーを使った帽子と足元はやっぱりブーツかな。

ウール、革、メタリックなパーツなど、いろいろな素材が使われている。

050

ルーマニア（エリア不明）のベスト
びっしりと施された手刺繍、ビーズワークが美しいベスト。

kuriko's
point
舞台衣装のような、夢がいっぱいの一着。私物です。気分を盛り上げたいイベ
ントの時によく着てます。黒い別珍のパンツに、トランシルヴァニアのギャザ
ーたっぷりのブラウスを着たり、黒いエプロンを巻いたり、これ自体がアクセ
サリーのようなベストなので、飾り立てなくていいのです。

チェコ製と思われるガラスボタンやビーズ、スパンコールで装飾されている。

丸の刺繍を組み合わせて花模様を展開。色使いもセンスがあふれる。

052

ルーマニア（トランシルバニア地方）のベスト
緑地に緑色の刺繍、スパンコール、黒のトリミングテープで装飾したベスト。

kuriko's
point

ベストは民族衣装のコーデにエッジを効かせる便利なアイテム。ジャストサイ
ズではなく、ちょっと小さめを合わせると締まります。丈が短いので、脚長に
見えます。このグリーンのベストは、色が好き。パフ感のあるブラウスに黒の
プリーツスカートなどが合いそう。

ルーマニア（エリア不明）のベスト
ダマスク織りのような生地に、機械刺繍を施している。花柄の上に花模様の刺繍、ガラスの
ボタンなど、遊び心があふれている。

kuriko's ベストは、首元や胸元が空いているデザインのブラウスやワンピースも、だ
point らしくならずにまとまって、そでのラインやギャザーなどもきれいに見え
ます。

054

ルーマニア（トランシルバニア地方）のエプロン
トランシルバニア、シビウ村の伝統的なエプロン。プリーツが美しい。

kuriko's ⫶ ロングスカートなどに巻いて。プリーツ感やスパンコールの模様をアクセサリ
point ⫶ ーのように使いたい。

柔らかな生地なので、厚紙を当てて刺繍をし、厚紙はそのまま。さまざまな技法が詰まっている。

056

ハンガリー・カロチャ刺繍のブラウス
ドナウ川の西に位置する、シオーアガールドの刺繍のブラウス。

kuriko's
point
鮮やかな青に黄色のアクセントが、夏の青空のよう。リゾートっぽく着れたら
すてき。コットンレースのスカートに、南仏のソレイヤードの花柄バッグなど
を合わせて、リラックス感のある着こなしも楽しい。

そで口の縁かがりの波状の形、スカラップ（帆立貝の殻）が特徴的。

ハンガリー（エリア不明）のジャケット

ツヤツヤ光沢があるサテンのような生地に、テープやコードなどを駆使した刺繍が施されている。

kuriko's
point
どこかシノワズリーを感じさせる赤。サテンのボトムスや、チュールの黒いロングスカートを合わせて、チャイナ風のイヤリングなどで、パーティーに出たい。

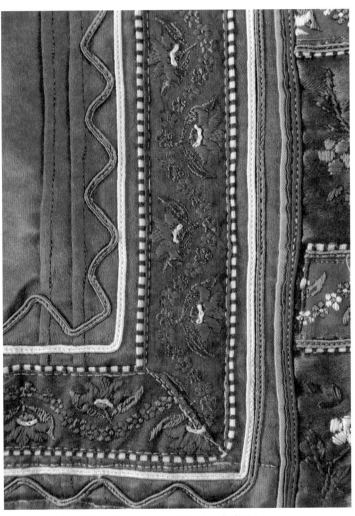

チロリアンのような刺繍テープ。ボーダーのデザイン、配色がおもしろい。

裏地はネルのストライプという組み合わせが、不思議とマッチしている。

ハンガリー（エリア不明）のブラウス
スロバキアに近いエリアと思われる。さまざまな要素、技法が詰め込まれた楽しいデザイン。

kuriko's
point ≡ パフスリーブのボリューム、すそのレースがかわいい。ボトムスもボリュームのあるロングスカートを合わせて。リバーシブルではないけれど、裏地もおしゃれなので表裏に着てもかわいい。すそのレースは裏表関係ありません。

表は花柄の織地、裏地はストライプのプリント。絶妙なバランス。

いろいろな素材のパーツが組み合わされている。

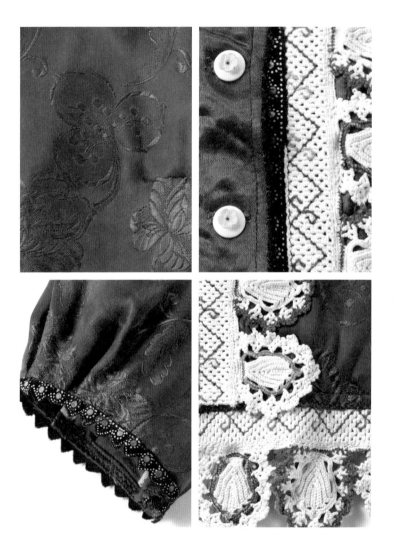

066

ハンガリー（マチョー地方）のベスト
北東部のマチョー地方のフェルト製の古いベスト。背にも刺繍の花がたくさん入っている。

kuriko's
point
同じトーンで刺繍されたマチョー刺繍が大好きなベスト。オレンジ色のブラウ
スを合わせたり、サロペットを合わせたり。メンズライクな茶色のパンツに革
靴などでも。背にも刺繍があるので、前後反対に着てもかわいい。紫の別珍の
チャイナジャケットを合わせたら素敵でした。

背の模様。マチョーの特徴は、花芯の丸い部分。ここは「クジャクの目」と呼ばれる。

縁のステッチとボタンがアクセントになっている。

ハンガリー（エリア不明）のスカート
手紡ぎ、手織りのコットンにクロスステッチ刺繍のスカート。ルーマニアに近いエリア。

kuriko's
point

ボリュームたっぷり。刺繍とレースの甘さに、あえてハードな組み合わせで甘
辛な感じに。革のライダースジャケットや、ブーツなど。デニムのGジャンや
コンバースのハイカットもかわいく決まりそう。

すそはカラフルなボーダーと、花模様のレース編み飾りが施されている。

ハンガリー（カロチャ地方）のスカート
ギャザーとレースがロマンティックなスカート。ベルトにも刺繍が入っている。

kuriko's
point ≣ 刺繍がウエストとすそだけに入っているので、トップスは何でも合わせやす
い。可憐な感じにするなら白のレースのブラウスも良いし、ブルーのボーダー
Tシャツなんかも絶対かわいい。トリコロールな感じで。カゴバッグに、足元
はコンバースの白で軽快に。

ベルト部分の刺繍は幾何学模様。

すそは色鮮やかな花模様の刺繍の上に、白のカットワーク刺繍が重ねられている。

072

ハンガリー（カロチャ地方）のエプロン
シンメトリーに花模様の刺繍が施された、カロチャらしいエプロン。縁のピンクがかわいい。

kuriko's
point
エプロンというより、アクセサリーとして使ってみてほしい。白いTシャツに
無地のピンクのスカートを合わせて巻いてみたり、明るいブルーのノースリー
ブのワンピースなどに合わせてみると、刺繍の模様が引き立つはず。エプロン
を結ぶ位置は高めでキュッと。真正面ではなく、あえてちょっとずらしても。

ハンガリー（カロチャ地方）のエプロン

すそ幅がたっぷり、後ろまでくるりと巻くエプロン。光沢のある生地に、色鮮やかなカロチャ刺繍。

kuriko's
point

巻くとお尻まで隠れるデザインなので、取り入れやすい。デニムの上にさり気なく巻くとかわいいですよ。小物やアクセサリーは、ちょっと光沢のあるものが似合いそう。エプロンは、時々ショールのように肩にかけて使ったりもしています。

074

ハンガリー（カロチャ地方）のエプロン
青の濃淡の刺繍と、縁やひもののカットワークが繊細なエプロン。

kuriko's
point

ハンガリーのものなのに、昭和のお母さんみたいな懐かしい感じがしません
か？ 浴衣に合わせたら違和感なくぴったり決まりました。さらっとしたシン
プルなワンピースにベルト代わりに巻いても。デニムのギャザースカートなど
にも合いそう。

ハンガリー（マチョー地方）のバッグ
マチョー刺繍の「クジャクの目」をもつバラの模様を生かしてリメイクされたバッグ。

kuriko's
point
古い刺繍の布をバッグにリメイク。こういうの大好きです。フリンジもおしゃれて、実用的なバッグというより、もはやアクセサリー。「今日は刺繍が足りないな」という着こなしの日に手にしたくなります。斜めがけにしてコーディネートのアクセントに。

Chapter
2

クリコ　お出かけスナップ

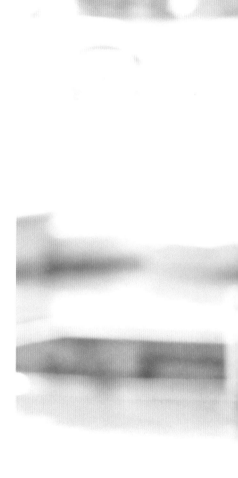

Kuriko's holiday

クリコの
民族衣装な
休日

ベスト／ハンガリー刺繍の古いもの、ブ
ラウス／香港で買ったヴィンテージ、エ
プロン／ハンガリー・カロチャ刺繍

水辺のキラキラは
遠い異国の刺繍のよう

ベスト／ウクライナの民族衣装、ブラウス
／ルーマニア刺繍、スカート／南フランス
の古いテキスタイル、帽子／チェコで見つ
けたヴィンテージにリボンを自分でつけた

踊る刺繍リボン
風はどこから…

白 い 空 気 に
記 憶 が 行 き 交 う

ベスト／ハンガリーの少年用、ブラウス
／ルーマニア刺繍、頭に巻いたスカーフ
／ロシアのスカーフをヘアターバン風に
自分でリメイク、イヤリング／日本の漆
作家のもの

いつか来た、街のカフェ

懐かしいあの時間

ベスト／ハンガリー刺繍、ブラウス／スロ
バキア刺繍、ベレー／ハンガリーで買った
もの、イヤリング／スロバキアのレース製

ブラウス／ルーマニア刺繍、マント／ドイ
ツで買ったヴィンテージ、スカート／ブダ
ペストのセレクトショップで見つけた現代
もの、ベレー／ハンガリーの作家もの、ブ
ーツ／メゾン マルジェラ

遠い時代の青に呼ばれて
迷子のようにさまよう

Chapter
3

クリコ　東欧の旅の記録

102

$\mathcal{B}$udapest_**Hungary**

ブタペスト・ハンガリー × クリコ

ブタペストのコレクターさんの衣装部屋。工芸品のようなソファに、すばらしく手の込んだ芸術品のような刺繍のクッションが無造作に置かれていて、その風情が抜群でした。こっありたい。

美しき蒼きドナウブルー、とでも名付けたい色の刺繍。店の人に「グッドチョイスね」「私もこれが一番好きよ」などと言われると、こちらの人はリップサービスはあまりしないので、素直に喜んでいます。

東欧にも買い付けに来る人が増えて、「刺繍はどんどんなくなるし、値上がりするし、プロブレムだ」と
長い付き合いのディーラーのおじさんは言う。とりあえず先は考えず、今あるスペシャルな出会いを積
み重ねていく……。

ブダペストのアンティークショップで見つけた、エレガントなボックス。古いものとの素敵な出会いが
あると、かつての持ち主に想いを馳せながら、ここにいてくれてありがとうと思います。

今日も歩いて歩いて、発送作業して、スーツケース2つパッキングして、もう眠い。毎回買い逃しや行きそびれだらけ。でもそれで良いのです。どの街にも思いを残しておくこと。それが次につながる。

カロチャ刺繍はお土産品もたくさんあり、中には中国製だったり、機械刺繍を「ハンドメイド」とうたったり、心が離れた時期もありました。でも本物はやはり素敵。かわいさだけない、強さを感じます。

上／ドナウ川をはさんで、ブダ区とペスト区からなる街。王宮があるブダ側は
落ち着いて夜も静か。下／一目惚れした、エンジ色の刺繍ブラウスは、ルーマ
ニアのものらしい。エンジと黄色が秋の紅葉のよう。

上／滞在の最終日に出合ったシックな色のハンガリー刺繍。最高にきれい。こういうものに出会えると本当に嬉しい。下／ブタペストのメトロ。共産的、近未来的なデザインが好き。

上左／東欧の刺繍に出会ってから、赤色の魅力に気づきました。上右／東欧では定番の柳の枝のカゴ。これを持って買い物をしている男性は絶対優しい。下左／ブダペストのトラム。下右／ハンガリーの赤の手仕事。

上左は「クジャクの目」と言われる花芯の模様が特徴的なマチョー地方のバラ。びっしり刺された密度が圧巻ですが、下右のようなリズミカルで軽やかな感じのマチョー刺繍もかわいい。

一番通っているブダペスト。かわいいもの も、心が震えるほど美しいものもたくさん、そして信じられないくらい感じの悪い人と出会ったことも(笑)、すべてが詰まっている街。

宿でひとり、試着大会中。

112

買い付け先のコレクターさん宅に行ったら、手作りのケーキとお茶でもてなしてくれました。東ドイツ製のカップ&ソーサーが素敵。派手過ぎず、素朴だけれど心のこもった、ハンガリー人の日常のひとかけら。

古いカロチャ刺繍は、かわいいだけでなく力強さを感じます。

トランシルバニアの刺繍の窓辺。

ハンガリー三人衆
の古い陶器の皿。

ブタペストは地下鉄、トラム、バスがあり、移動がラク。

ようこそ

いつ来ても新鮮

この街は来るたびに表情を変える、不思議な街。頑固親父のようだなと思ったり、朗らかな乙女のように思える時も。いろいろな表情を持ち、煙に巻かれる気分になったりします。それが魅力かな。ずっと大好きな街です。

ハンガリーのマトリョーシカ。美人さん。

ブタペストの友人宅の向かいに住む仲良しのオルガおばあちゃん。いつ突撃しても部屋はきれいに片付いていて、ごはんを作る音がする。共産時代を明るく生き抜いた素敵な女性です。

生活の中のハンガリー刺繍。身の回りにある花がモチーフに。

マチョー刺繍の村のとあるオフィス。

114

一見新しいものばかり売っている店の片隅で発見。「ずっと飾っていたから、ちょっと変色しているわ
よ」。問題ないです。それよりよくぞ買われずにいてくれた……。ビーズの緑、サーモンピンクの糸、
一目惚れ。

陽気だけれどどこか郷愁がある、すごく好きな感じの音楽が流れてきた。小さな街の小さな夜市で、ジプシールーツのハンガリアンバンドが演奏していた。

116

気品と愛らしさが共存するブラウス。ブタペストで買ったけれどルーマニアの古いもの。抑えめの色が
モチーフの美しさを引き立てています。

共産国時代のクルマが現役で走っているのを見ると嬉しくなる。古いクルマが似合う街がとても好きです。

上／淡い水色の生地が珍しい刺繍のスカート。色とりどりの刺繍の花が咲き乱れている。下／川沿いのおだやかな時間。ドナウの夕暮れ。

上／ブダペストのお気に入りの宿の窓から。朝焼けを眺める贅沢。
下／生地の重なりの可愛さ。東欧の民族衣装のスカートのボリューム感が好き。

遊覧船が行き交うドナウ。ブタペストのドナウは川幅が広くて、橋を渡るのにも結構時間がかかります。

かわいいだけでなく、土着の、どこかちょっと土臭さがあるのが民族衣装の魅力。青と白のだけの世界に引き込まれます。

122

上左／刺繍の本は現地でもどんどん値上がりしていています。上右／白髪に赤いエプロンドレスが素敵なおばあちゃん。下左／手に入れたハンガリー刺繍のクロスを敷いてディナー。下右／このそで口の刺繍がたまらない。

上左／とにかくそでロラブ。上右／古いお付き合いのおじさんのお宅で、お茶に呼ばれました。お菓子もティーセットもかわいい。下左／ハンガリーの藍染の色はさわやかな青。下右／お気に入りのディスプレイ。

124

*Vienna_*Austria

ウィーン・オーストリア×クリコ

ヴィンテージショップで見つけた、チロル地方の民族衣装を現代風にアレンジしたスカート。レトロな
雰囲気のプリントが気に入りました。

ウィーンに来ると食べたくなるアプフェル・シュトゥルーデル。ここは老舗カフェ。シナモンが効いて甘すぎず、りんごがたっぷり。朝食代わりにすることもあります。

部屋に戻って買ったものを梱包して、ほっとひと息。ふと外を見たら綺麗な夕焼け。この部屋にして良
かったな。

ヨーロッパでは白髪のマダムが素敵に赤を着こなしているのをよく見かけます。そんなマダムになりたいな。

タイムスリップしそうなウィーン王宮の回廊。街を歩いていると馬のひづめの音が近づいてくる。目を閉じるといつの時代にいるのか不思議な感覚になります。

下左／夜遅く着く時でも安心な駅前の宿。上右／地図を開いてカフェでひとやすみ。下左／夜遅く着く時でも安心な駅前の宿。下右／ウィーンの街で宝探し。ヴィンテージショップで見つけた素敵なストライプ。

上左／エーデルワイスがアクセント。愛らしいチロルのジャケット。上右／ヨーロッパは照明がいちいち素敵。下左／手織りの生地と細やかなカットワーク。すばらしい手仕事。下右／足長いよね。何気なく歩く姿もかっこいい。

夜遅くウィーンに着いて、目覚めたらこの景色。ガーリーホテルの窓の重なる布が乙女心を呼び覚まし
てくれます。でもお客さんは意外におじさまが多い。ガーリーに性別は関係ない？

久しぶりに来ても、「あれ、私ここにずっと居たっけ?」と錯覚してしまうくらい居心地の良い空気が流れ、旅人を受け入れる余白のある街、ウィーン。旅の始まりはお気に入りのカフェから。

134

アプフェル・シュトゥルーデル!

ウィーンの蚤の市で見つけたアンティークのカゴを早速持って、うきうき街歩き。ウィーンは素敵なカフェが多いので、すぐにひと休みしたくなります。カフェの定番はコーヒーとアプフェル・シュトゥルーデル。りんごをパイ生地で巻いたお菓子です。お店によってレシピが違うので、いろいろ食べ比べるのが楽しいのです。

おしゃれなショップのお姉さんたち。個性を大切にして、自分なりのファッションを楽しんでいる。いつもありがとう。

いらっしゃい

蚤の市でクリコ的ハンティング。

ヴィンテージショップのイケメンと良い子。

ウィーンは、どんな店でも店員さんが優しい。優しさの平均値が高いとでも言うか。最後に「良い1日を！」とか「良い週末を！」という言葉を、マニュアルっぽくなく、目を見て笑顔で言われると、「本当に良い1日を過ごしたいです。あなたもね！」という気分になります。旅人の感傷的な気分と幸せは続く……。

aidaは、大好きなカフェです〜

ホテルのクローゼットに戦利品を。

ダンケ・シェーン！

たまたま通りかかった店の、ロードムービーに出てきそうな味わいあるミスター2人。大好物過ぎる。でも店は埃だらけの山積みの本とガラクタばかり。何か買いたい〜と私の独り言に、左のミスターは笑顔で何か取ろうとすると手伝ってくれる。右のミスターはお客さん関係無しに、「ちゅいーん」と何かを削り始める。残念ながら、というかまぁ予想通りにクリコ的なものは無かったけど、ギリギリ可愛い缶見つけてお買い物できた。この2人にまた会いに行きたい。たとえ買うものがなくても。

$\mathcal{W}$arsaw_**Poland**

ワルシャワ・ポーランド × クリコ

素朴だけれど、おしゃれな手編みの小物に出会った。思わずキュンとしてしまう。「今日が最終日なの
よー」というワルシャワの小さな市で。

ぐっもーにん、ワルシャワ。最初に来たのは20年近く前だろうか。いつ来てもつかみきれずに終わる街。
いつか気持ちをわしづかみにされるような出合いを見つけたい。

ワルシャワの駅前は高層ホテルが多い。たまにはそんな宿でビジネスマン気分。

ビーズのきれいな蝶々のネックレス。ハンドクラフトのマーケットに一羽だけいた。青がいいな。

かわいいビーズクラフトはポーランドの民芸品。優しいお姉さんが営む小さな店にて。

クラクフ。夜中うるさかったホテルから、おばあちゃんの居間みたいな宿に移動しました。共産時代からある、クラシカルでなかなか良い宿でした。

ワルシャワの象徴は変わらずに鎮座。ソ連からのプレゼント建築。駅前もずいぶんきれいに治安も良くなりました。

ワルシャワ散歩。来るたびに少しずつ変わっているけれど、新しいもの、古いものが混じり合う町はいつも楽しい。市場で素朴な手編みのミトンは色が素敵。

144

古都クラクフまで足を伸ばして。この町のヴォルニツァ広場にある民族博物館は(左下)小さいけれど見応えがあります。

クラクフの中央広場の夜。人であふれる週末より、平日の静けさがやっぱり良いな。

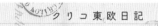

ワルシャワ・ポーランド

あら！

茶色い部屋が
良い感じ。
ポーランド。
静かな朝。

むちゃ可愛いおねーさん
クラクフNo.1

写真撮らせて貰って
お別れした後
リンリンでベル鳴らして
自転車で私を追い越して
振り返り手を振る姿が
最高にオシャレだった。

かぶってみたら、イイ感じ。

ポーランドではこのベレーを
ちょこちょこ見かけます。

奥のアーチは本を重ねて作ってる！

ゆったりした街の
小さな蚤の市は
朝イチに行っても
まだまだ準備中につき
先にさっき見かけた良い感じのカフェに。
インテリアすてき。
本の使い方が斬新。
買い付けスイッチが入るのに
もう少し時間がかかるから
初日の朝はのんびり。
クラクフは何度も来ているけど
変わらず人が良い。

市場で編み物している
お婆ちゃん

やはり缶は好き

自家栽培のラベンダーですって。

マルシェでラベンダーを売っ
ていたお姉さん。「あなたの
服もラベンダー色ね」と言う
と、「うふふ、これが私のユ
ニフォームなの」と笑った。

木彫りの人形探し。楽しい！

売ってるおじさんが
かなり神経質な感じなのに
私が木彫り眺めていたら
たまにニヤリとニヒルな笑みを
見せたりして
謎めいて面白かった。

撮るの？

蚤の市の小さなコーヒー屋
さんのおじさま。「日本人？
ちょっと待って」と、携帯を
取り出し翻訳した画面には
「焼きたてのコーヒー」。
おー、うんうん、
「焼きたてのコーヒーね！」
と日本語で返して笑いあう！
のどかな時間。

ワルシャワは街に小さな公園がいっぱい！

Amsterdam
Netherlands
アムステルダム・オランダ

あえて乗り継ぎ時間が長いフライト
を選んで、経由地でストップオー
バーするのが好き。KLMを使って、
アムステルダムで身軽に1泊が最近
のお気に入りです。

古着屋さんでエーデルワ
イス入りの、かわいい靴
を見つけました。

アムスはインテリア もかっこいい。

ドイツで見つけた古いスーツケー
ス。必要な物だけ入れて、トランジッ
トのアムスで1泊。現地の人に「こ
れだけかい？　ナイス！」と驚かれ
ました。とてもお気に入り。でも旅
から帰ったら、このスーツケースは
お店に出そうと思います。なぜなら
私はまたいつかの旅で素敵な古い
スーツケースに出会える気がするか
ら。誰かの手に取ってもらって、日
本のどこかで大切に使ってもらえま
すように。

ポップなサインは
パンケーキの屋台。

148

お気に入り

アムスは1泊だけでも十分楽しい。左ページのお気に入りのカフェ。昔からある店のようだけれど、地元の人とツーリストがほどよく混ざり、マダムはどんな人もウェルカムで迎えてくれる。「お座りなさい、レディ」「何にする? レディ」「楽しんで、レディ」。英語圏から来たらしいメンズには、「英語メニューよ、ジェントルマン」。

雨に日にしか見られない風景も好き。

ウキウキ

治安の良いエリアが多く、夜もちょろちょろお散歩できるのが、アムスの良いところ。

アムス散歩してきます

アールデコデザインもちらほら。

アムスらしい窓からの景色。

5階建ての5階、ホテルのフロントもすごく親切で。トランスファーで1泊だけなんです、と言ったら、地図に見所やそこまでの時間とか色々書いてくれて、おススメのカフェとかレストランも。アムスは私がよく行く色々な町の中でも群を抜いて人がフレンドリー。

そうそう、ここです、国立美術館の中を通り過ぎる道。結局両端は歩く人、真ん中は自転車通路にする事で合意。しかし自転車族のおかげで、他の大きな街より街中に車が少ない。それは威張れる訳だわ。

サイズぴったりだったピンクのお靴は、自分のお買い物。アムスの古着屋開拓したいな〜

運河沿いにも自転車がたくさん。

殺気立つ自転車族に轢かれそうなスリルを味わえます。
ある意味ハンブルグのアラブストリートより危険を感じる。
でもすごいカッコイイ人が沢山いすぎて
ずっと見ていられます。
昔「みんなのアムステルダム国立美術館」という映画で
美術館の回廊を抜ける自転車通路をなくすという案に
自転車族が大反対、結局妥協案になったんだったか…
内容はうろ覚えだけど、

自転車族！

この街における自転車族の
幅利かせ振りの凄さに
文化の違いを感じた事を思い出しました。
車の運転で人が変わる人はいるけど
この街では自転車乗るとみんなキャラ変わりそう。

150

アムス最後のカフェはアール・デコ様式が壮観なカフェ・アメリカン。さすが素敵カフェ、一見の価値あり。カフェラテ頼んだらよくあるビスケットじゃなくて、美味しいチョコ付いてきた。そこらへんもエレガント…

あなたの
雰囲気好き〜！

かわえーお姉さん又いた!
両腕の綺麗なタトゥー!
撮りそびれちゃった。
あなたの雰囲気好き〜！
あなたも良いわ〜！
お互いを褒め合う私たちでした。

昨日カフェにいたお姉さん、
アーティストだった、
ナチュラルだった
昨日とのギャップ萌え.
パンチ効いてて可愛い。

KLMはマークとブルーがかわいい。

スキポール空港に戻ってきました。やっと帰れる笑。色んな場所で笑顔や優しさをかけてくれた人達ありがとう。旅っていいな。知らない場所で知らない人に会って、その縁は点だったり、線になったり。可愛いモノはそんな点や線の賜物です。帰って再会するのが楽しみだ〜！

ブラチスラバ・スロバキア × クリコ

スコールに阻まれたけど、閉店ギリギリ飛び込んだお店でかわいこちゃんに出会えた。えりぐりとそで口の刺繡がさりげないけれど手が込んでいます。

暑かった一日。日が暮れる頃、ドナウからの風が穏やかな涼を運んでくれました。

スロバキアの藍染めの文様パターンは、素朴で愛らしい。スカートもブラウスも古いものではないけれど、とても良い。

ドナウの真珠と謳われるブタペストの壮麗な景色とは違って、ブラチスラバのドナウは何だかこじんまりとしてかわいいのです。

上左／ブラチスラバの広場で大道芸人がシャボン玉を作っていて、天使のような子ども達がはしゃいでいました。上右／伝統的な手什事を扱う店の隅っこにいた素朴なミトン。

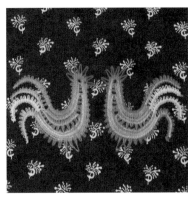

上左／秋のブラチスラバ。街並みが素敵。上右／中央駅のトラム乗り場は昔の雰囲気のまま。下左／旧市街。いつ来ても静かな時間が流れている。下右／ボビンレースも手仕事として盛ん。

Bratislava
Slovakia
プラチスラバ・スロバキア

観光名所はないけれど、大好きな街、スロバキアの首都プラチスラバ。首都だけれど、いつ行ってもおだやかで、人が少ないのもいいなあ。

スロバキア生活を描いた模様。

「私が刺したのよ」とおばあちゃん。

かわいいおばあちゃまが刺繍した布に出合いました。素朴で大らかで、優しい人柄がそのまま出ている感じ。スロバキアの民族衣装や、植物や動物とともに暮らす生活を描いた模様はイキイキとしていて楽しい。とても魅かれます。

旅先でつい欲しくなるのが派手な傘。

プラチスラバに行くとこんなボタニカルなカップ＆ソーサーを見つけるのが楽しみ。実はカップとソーサーはバラ売りで、フィットする組み合わせを延々と探すのです。そんな作業が好き。

エコバッグも買い集めます。

共産時代の古いホテルはかっこいい。

街はコンパクト。小ぎれいな旧市街とレトロな東欧の空気が残る町外れ。ウィーンに近いせいか、人はどことなくリベラル。

ポップでかわいいアイス屋さん

古道具屋さんの片隅で、コーヒーを頂きながら宝探し。コーヒーやお酒を出されると、お客さんとして認められたかなと、ちょっと嬉しくなる。そして、要らんものを買ってしまう(笑)。思うツボ。

濃いコーヒー。器がかわいい。

民族衣装の女性のマグネット。

スロバキアの藍染も大好きなテキスタイルのひとつ。伝統的な手作業の工房はスロバキアにはもうなく、古いものも少なくなってきました。

Berlin_Germany

ベルリン・ドイツ × クリコ

冬の赤の暖かさ。ヨーロッパ各地のこんなセーターに出会えるのもベルリンの魅力です。

犬を連れたおばさまが、ニコニコと話しかけてきて、もやがかかる辺りを指差して「きれいよね。写真撮ったら良いわよ」と。

金具がスペシャルなノルディックセーター。どうやって東京で着ようか、思いを巡らせる。

友人宅の使われていない書斎のデスク。ドイツ人らしく、紙ものがきっちりと整理されていました。

164

買い付けもしなきゃだし、自分の買い物もしたいし、カフェにも行きたいし、大好きな通りにも行きたい。ベルリン忙しい。足の速いドイツ人をも追い越す勢いで、ものすごいスピードで歩き回っています。

ベルリンの中央駅って、実は最近できました。どこへ行くのにも、まず中央駅という便利さは、良いようなつまらまいような。

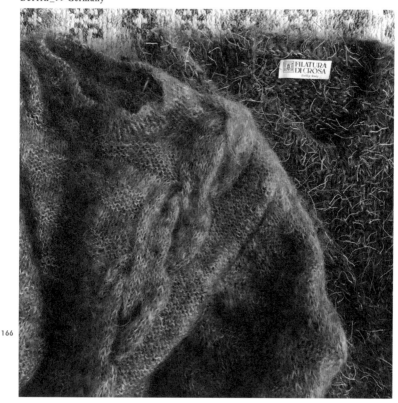

ぶどう色のニット。ドイツで買ったけれど、右はイタリア製。左はドイツのお母さんの手編みのよう。
ドイツには、いろいろな国のものが集まっています。どこの国のものでもかわいければ良いのです。

昔の銀座線のような色の黄色いメトロや、新橋みたいなレンガの高架下を見ると、昔の日本はドイツの街作りを参考にしたものが多いんだろうなと思う。何となく懐かしい感じがするのはそのせいか。

ベルリンで出会ったインドの刺繍。「カシミールですよね」と言うと「布に興味を持ってくれて嬉しいわ」
と、ボスニア出身のマダムがミントティーを入れてくれて、奥の小部屋でインドの婚礼用布なども広げ
て見せてくれました。

あえて「ちょっと変」を狙ったのか、本当にちょっと変な人がディスプレーしたのか。いや、そもそもディスプレーなのか。

Berlin _Germany
ベルリン・ドイツ

相性というものか、ベルリンの街は不思議なもので、歩いているだけでふつふつと嬉しくなってきて「あーたのし、あーたのし」と、割と普通のボリュームで呟いてしまいます。

建築物を見るのも楽しい。

ペルリン名物、カリーブルスト。

カリーブルスト(カレーソーセージ)はベルリンのソウルフード。香ばしく焼いたソーセージに、ケチャップとカレー粉がかかっています。ケチャップの味も店それぞれで、食べ比べが楽しい。「クリーヴルスト!」と、現地風の発音で注文できたらちょっと嬉しいのです。

ようこそ

あの丸は
展望台に
なっています。
いつも大行列。
私はこのTV塔を
丸太郎と
呼んでいます。

良いカフェ。ベルリンしみる。

170

ある日のカフェの朝食。

ベルリン中を走り回る
可愛いU次郎
（地下鉄Ubahn）。
今日も色んな場所に
連れて行ってくれる。

古着屋さんで掘り出した、北
欧のセーターとミトン。こう
いうアイテムに出会った瞬間
は本当にドキドキする。ベル
リンは状態のよいヴィンテー
ジ品に出会える街。レトロな
西側が好きですね。

チェックきれい

美味しい！

カフェみたいな蚤の市の一角。

ティーアガルテンの蚤の
市。プロの出店がほとんど
で、安くはないけれど、ベ
ルリンの蚤の市のおすすめ
を聞かれたらここを紹介し
ています。雰囲気も品揃え
も良い。

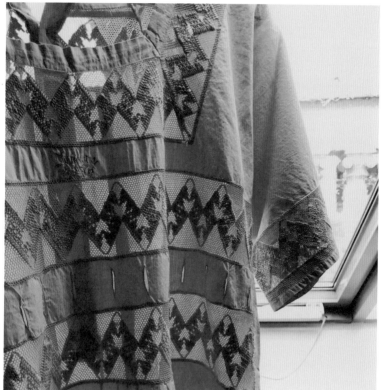

Praha_Czech

—————————

プラハ・チェコ × クリコ

プラハの大好きなアンティークショップで出合ったドレス。「いいの見つけた！」とマダムに言ったら、
周りのお客さんまで「それいいわね！」と大騒ぎに。

雨上がりの夕暮れ、アパートの窓から。この後大きな虹が出て、夢のようなひとときでした。

自分の部屋みたいに居心地が良かったプラハのホテル。中央駅の目の前で、郵便局も徒歩圏で最高。ス
タッフも優しくて、ひとりなのにずいぶん広い部屋をあてがってもらった。街角で買った一輪の花を飾
りました。

プラハのアンティークショップで見つけた、チェコスロバキア時代のエプロン。上はオレンジ色の刺繍
のブラウスを合わせて着るものでした。オレンジ色、黒、白、モダンです。

プラハで一番好きな時間。お店も郵便局も開いていない早朝、朝もやの中ブルタヴァ川沿いの散歩。かすむ対岸を見ながら、カノエが開くまでひたります。

ゴシックとロマネスクの共存、プラハ城。中には大統領官邸があり、政治的機能を果たしていて、お城
としては珍しいのです。

オリエンタリズムを感じるチェコの刺繍。インドのペイズリーのようにも見えるブルーの模様、日本の梅の花のような赤い花（でも多分バラ）。世界は手仕事でつながっている。

180

上左／ヨーロッパでは、手をつないで歩く仲良しご夫婦をよく見かけます。上右／マリオネットのバレリーナ姉妹。下左／プラハもおしゃれなカフェが増えてうれしい。下右／ソ連製の長くて早いエスカレーター。もはや絶滅危惧種。

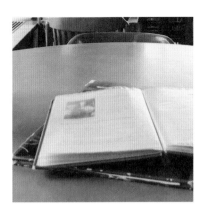

上左／古いカフェでメニューを開くのが好き。上右／古いチェコガラスのブローチ。下左／古道具屋さんにいた聖歌隊。下右／朝散歩の途中で寄ったカフェでモーニング。

チェコのプラハ。初めて訪れてから
もう20年くらい経ちました。どこ
もかしこも新しくなり、好きだった
店がなくなったり、来るたびにほん
のり寂しく思っていました。商売柄
というか、私の嗜好というか、つい
つい古いものを探してしまうけれ
ど、フラットな視点も大切に、新し
いものにも目を向けてみるようにし
ています。

アールデコな扉。パサージュにて。

STOFFE　TESSUTI

182

そんな気持ちで見回してみると、
おもしろい発見は必ずあって、ま
たワクワクしてきます。変化も含
めて街は生きているんだな、と改
めて思うのです。旅は素敵。

キュビズム風？な服に目が止まる。

いつものカフェも、
盛り付けが
おしゃれに
変化！

日本にいても旅先でも、カフェ
で時間を過ごすのは私の大きな
楽しみ。プラハも素敵なカフェ
がたくさんあるのでとても楽し
い。旧市街近くの老舗のカフェ
で、クレープとラテマキアート
を頼むのが私の定番。温かなラ
テがガラスの器で出てくるのも
好きなんです。

老舗のカフェでいつも頼むクレープ。

キレイに撮ってね

とある小さなブティック。飾ってあるワンピースが素敵で、聞いたら左のマダムがデザイナーでした。日本に持って帰ると言ったら喜んでくれた。

宿の窓からの眺め。

同じ宿に2～3泊する時は、街の花屋でお花を買って部屋に飾ります。旅を日常にする小さな習慣。

民族衣装が踊るプレート、見っけ。

僕たちが
街を守るよ

プラハの中央郵便局は夜遅くまでやっているので、とてもありがたい。荷物を送るためのダンボールを簡単に入手できます。買い付けした荷物をダンボールに詰めて、日本に送りながら旅をしています。街によっては、全然スムーズにいかなくて、時間ばかりかかってしまうことも。ま、それも楽しいんですけどね。

お花とダンボール買って宿へ戻る。

Sofia_**Bulgaria**

ソフィア・ブルガリア × クリコ

旅に出る前に、何でも調べすぎて、予定をきっちり決めてしまうと、かわいいものセンサーが弱ります。
隙間を作ること、レールを敷きすぎないことが大事。その土地の神様が付け入る隙をなくさずに。

とある現地のコレクターさんから譲っていただいた、どっしりしたウールに花刺繍のオーバースカート。
古い時代のもの。重厚感とかわいらしさって共存できるんだなと、気付かされた一枚。

186

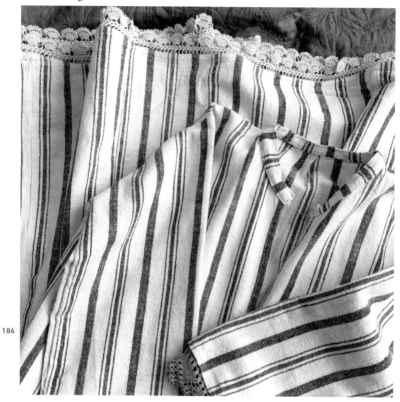

ちょっと足をのばして出かけた町で、たまたま入った店。お土産屋さんのようだけれど、古い衣装もちらほら。かわいいマダムとポケトークでやりとりしながら、羊人さんたちを手に入れました。行き当たりばったり旅、やめられない。

窓というのは宿の部屋のイメージを大きく左右する。それがその街の印象として残ることも。宿を移動するたびに、今日はこの窓ね、と。小さくても大きくても、明るくても暗くても、どんな窓かとても楽しみ。

上左／ブルガリアの古紙をリサイクルしてバッグなどを作っているお店を発見。デザインに一目惚れして行くたびに買い付けています。下右／ブルガリアの民族衣装の一部の手織りのぺたんこバッグ。

ソフィア散歩。トラムが便利ですが、たまに地下鉄に乗るとデザインがおもしろくてワクワクします。
通りかかったショップで素敵な女性が機織りをしていて、春の花のキリム（上右）を買いました。

Sofia_Bulgaria
ソフィア・ブルガリア

東欧を旅していて、日本人に似ている気遣いを感じる国、ナンバー1がブルガリア。「察する」という優しさに救われて、胸キュンの瞬間がたくさんあります。日本人と同じように、お米や発酵食品を食べるからなのか、腸内環境が近いのかな、と思ったり。

バスルームのタイルが素敵！

190

トルコ料理に似た食事。

ブルガリアでは、どこかアジアに近い雰囲気を、街にも民族衣装にも感じます。どことなくタイやブータンにも似た雰囲気の衣装に出会いました。トラキア辺りのもの。この色とストライプがとてもツボ。どう着こなそうか、妄想しながらの買い付け旅。

郊外の旧市街。何となく懐かしい。

やっと
見つけた！

配色が絶妙な織物。

ブルガリア版なまはげ、クケリ。コワモテだけど、春を呼び、悪魔払いをしてくれる実は優しいお方。

アンティークショップで出会った、ブルガリアのウールのオーバードレス。よくあるメタルの飾りではなく、カラフルなコード飾りだけで、腰の部分がぴゅんととがってる。ナウシカに出できそう。

ビッグなカップル。

191

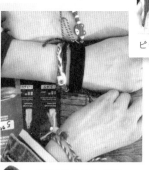

友達とマルテニッツァ。

3月1日は「パパ・マルタ」。パパはおばあちゃん、マルタは3月。健康と幸福を願うお祝いの日。赤と白で編まれた「マルテニッツァ」という飾りを贈り合います。マルテニッツァをプレゼントされると幸せになれる。人を想う気持ちがあふれている、この時期にブルガリアに行くのが好き。

羊毛フェルトの
羊飼い

$\mathscr{B}$ucharest_Romania

ブカレスト・ルーマニア × クリコ

かわいいものが見たい一心で田舎に行った私を、助けてくれたおじさん。ルーマニア人の嫁入り道具を
飾る大切なお部屋、「清潔の部屋」を見せてもらえた奇跡。

プカレスト・ルーマニア
Bucharest_Romania

一時期よく行っていたけれど、実は
もう何年も行けていないルーマニ
ア。一期一会のすばらしい出会いを
与えてくれた場所。首都のブカレス
トも美しいし、トランシルバニアな
ど地方の手仕事もすばらしい。時が
経って、今の私はルーマニアで何を
見るのだろう。必ず戻る、そんな気
持ちでいます。

パリの栄華はここにも流れ着いた。

オラデアのパサージュ。

奥様手作りの素朴なスープ。

とある村まで行きたくて、列車で近く
まで。その先は交通手段がなく、
とぼとぼ歩いて途中のガソリンスタン
ドで聞いてみたら、ちょうどその村に
住んでいる人が来たよ、と紹介された
のがこのおじさん。言葉が通じないな
か、エンブロイダリーが見たいという
私の単語を聞き取って、ランチに招い
てくれました。優しい。

刺繍の村の案内人。ありがとう。

Chapter

4

クリコ Instagramな日々

2016_10_14

ハンガリーのストールを
頭に巻いてみたら
長さが足りなかったので
ベロアのリボンを縫い付けてみました。
ちょっとかわいい。
むむ、いろんな色で作りたくなった…

196

2017_02_12

今日はグアテマラの衣装に
チュニジアの帽子。焼売みたいな形。
孔雀の羽はポーランド辺りでは
飾りとしてよく使われているので
耳飾りで東欧をプラスしてみました…

2017_02_19

ヒマにつき…
イランの遊牧民バフティヤリー族の
衣装をアレンジ。
ブルガリアの織りベルトに
東欧の定番花ストールで
イラン東欧ミックス。

2017_04_01

仲良しのお客さんが
この格好でトンカチ持って
壁に釘を打ち込む私を見て笑ってた。
客観的に見たら変な人ですね〜
昔ハンガリーの古着屋で掘り出した、
サンローランの
ヴィンテージジャケットで
コサック風な出で立ちの今日でした。

♡ ◯ ↑

2017_04_02

舞台衣装みたい〜と言われました。
普通に私服です。
トランシルバニアの
ブラウスにベスト。

♡ ◯ ↑

2017_04_23

私の「ボス」は、ハンガリーで
出会ったお人形。
いつも店を見守ってくれています。
ちょっと弱気になったときに
ボスを見ると何だか元気がでる。
衣装は中央アジアのウズベクのもの。

♡ ◯ ↑

洗濯女みたいな感じの頭。
ブラウスはウクライナ刺繍。
アクセサリーはお気に入りのチコリ。

198

今日はアフリカンプリント。
夏が近づいてくると着たくなる。

大好き、藍色スカート、
今日は上もインディゴ染め。
着こなしにちょっとしたエッジを
きかすベストというアイテムは優秀。
チコリの コットンパールイヤリングは
民族衣装にも合う。

2017_09_24

土着の衣装にかなうものはないな、
と思わせてくれるもの着用中な今日。
西アフリカ、マリのドゴン族の民族衣装。
先程可愛らしいマダムがいらして
クリコインスタを
本当に本当に毎日楽しみに見ています、
と伝えて下さいました。

♡ ◯ ↑

2018_05_25

衝動買いした絞り加工の
やたら広がるワンピースに
ハンガリーのベスト羽織りました。
チコリのタッセルイヤリングが
効いてる。

♡ ◯ ↑

2018_06_07

リボン大好き。
ウクライナ刺繍のブラウスに、
チュールベルト。

♡ ◯ ↑

2018_06_23

スロバキアのブラウスに、レースピアス。
このピアス、リピーターさんが多し！
嬉しいです〜

♡ ◯ ↑

2018_06_24

とあるトライバルな展示で
出会ってしまった
オスマントルコのチャパン…
サイズぴったりすぎておののく…
民族衣装を着る時は
そのまんまではなく、
「ほらほら私はこんな風に着てるよ〜！」
と作った人に、自慢できるように
オリジナリティーを加えて
でも加えすぎないように着てあげたいと
私はいつも思っています。

♡ ◯ ↑

2018_06_28

今日はルーマニアのブラウスに
頭にインドのスカーフ巻きました。
日差し強くなってきた。

♡ ◯ ↑

2018_07_14

暑いよー、でも頑張るよー
かわいい服着てるからー
ルーマニア刺繍のブラウスに、
ハンガリーの藍染スカートで。

2018_09_13

秋はベストが活躍します。
ハンガリーの定番、
マチョー刺繍のベスト。
やっぱり古いモノだと風合いも良し、
形も可愛い。
ジャストサイズより
ちょっと小さい、
このバランスが肝です。
もちろん背中で語れます。

2018_09_15

茶色が気になる季節。
ルーマニアの刺繍ブラウス。
スカーフは頭のてっぺんで蝶結び。

2018_10_08

ハンガリーのボレロ。
色といい、デザインといい、
かわいいな。

♡ ◯ ↑

2018_10_13

ハンガリー全開。
ハンガリーの藍染スカートに
ベストもハンガリー刺繍。
シャツは手織りのリネン。

♡ ◯ ↑

2018_10_27

毎日そうですが
今日もお気に入り連れてます。
ルーマニアブラウスに
ナナさんのネコブローチ
チコリのファーイヤリングに
中国・ミャオ族の刺繍バングル
あー楽し。

♡ ◯ ↑

2018_12_07

豹柄にハンガリー刺繍。
名付けて肉食ガーリー系。
女子力やたら上げたがる
雑誌に出てきそうなネーミング。
＃でも多分全然コーディネート違う
気がする

♡ ◯ ↑

2018_12_24

掌に愛。
9周年記念日。
ありがとうございます。

♡ ◯ ↑

2019_01_03

今日もお花モチーフに
まみれております。
お客さんから頂いたお花も元気。

♡ ◯ ↑

2019_03_22

腰に手を当てて、
今日もちょっと偉そう。
ハンガリーのジャケットは私物です。

♡ ◯ ⬆

2019_04_07

チャイナはエレガントな感じで
着るのが好きです。

♡ ◯ ⬆

204

2019_04_20

今日はウクライナのブラウス中に
シルクのひらひらブラウスをイン。
お気に入りのコーディネート。

♡ ◯ ⬆

2019_05_04

濃いピンクの花と
茶色い刺繍ブラウス。

♡ ◯ ↑

2019_06_09

赤いブラウスに
ルーマニアのエプロンをしていました。
このブラウスは前後ろに着て
背中開けても可愛い。
しかし途中で寒くなって着替えました…
背中って意外と冷えますよね～
夏に背中開き着ていると
涼しいのわかる。

♡ ◯ ↑

2019_06_13

民族衣装にベストは鉄板コーデです。
どちらも私物ですみません。
次の買い付けで
良いベストいないかな～♪

♡ ◯ ↑

2019_06_14

民族衣装を着ていると
腰に手をあてたくなるの、
何ででしょ～

2019_06_30

手織りウクライナのリネンを
纏った時の安らぎたるや。
安らぎついでに
今日は和紙と漆のイヤリング。
見た目より軽～くてストレス無し。

2019_07_27

今日は上下ともハンガリー、
赤白カロチャで。

夏の名残を惜しむ浴衣。
レースのピアスと
ハンガリー刺繍エプロンでクリコ風に。
革ベルトに刺繍のチャームを。
自由だけどやり過ぎないのが
やっぱり浴衣らしくて
良いなと思います。
色を抑えるとか加えるものの素材も
糸や布を使ったものだと
涼しげな感じが残るような気がします。

2019_09_20

たまにはアジアン。
ポップなタイ服コーデ。
イヤリングと足元はオールスターで
星を加えました。

2019_11_07

刺繍にファーは相性良いですね。
茶色はカッコいい感じに、
明るいカラーのファーだと
本気すぎずに可愛いですよ。
私のは水色。

別珍のパンツ、ロシアのストールにコード刺繍の靴。マタドール×カルメン合体コーデ。

チャイナガウンを着た日。店に来て、ハンガリー刺繍とルーマニア刺繍と国際交流。

ハンガリーの古道具屋さんがおまけしてくれたバスケットを持って行商。寅さん風。

ピンクと赤の組み合わせは気分がアガる。ヴィンテージのスカートチャイナシューズで。

ポルトガル更紗のオリジナルのスカートに、チュールスカートをin。タイツにパンプス。

絞りのワンピースにミラーワークのアンダーパンツ、サンダルは TATAMI。サラサラ快適。

元気をくれる真っ赤なリネンのワンピースと、アフリカンプリントのエスパドリーユ。

旅は機内でラクなストラップスニーカーと、てろてろパンツ。モノトーンで引き締めて。

Summer

なつ

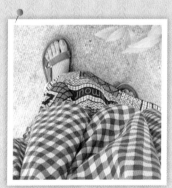

夏の重ね着も楽しい。サンダルはシンプルなカーキ色のものが、合わせやすいです。

夏はやっぱりアフリカンプリントが多くなる。サンダルは ZARA。結構好きなんです。

リネンのワンピースに、タイの手織りストールとモロッコのバブーシュで秋の気配。

コンバースのハイカットは、民族衣装とも相性のよいアイテム。秋が来たなーって感じ。

210

Qutumn

あき

赤いチャイナシューズに思いきって黄色のタイツ。デニムに合わせたら、意外とハマる。

グレーのグラデーションで優しくいきたい日、台湾の刺繍のシューズがアクセントに。

ルーマニア刺繍ブラウスに藍染スカート。ウエスタンブーツが何となくカントリー。

ベロに刺繍が入った adidas 見つけた！ オランダで買ったヒョウ柄の靴下をチラ見せ。

Winter

ふ ゆ

床のグリーンと、淡いピンクのパンプスの組み合わせがツボすぎて、思わずパチリ。

イランの羊毛の靴下を履きたいがためだけに、ワンサイズ大きいサボをゲットしました。

セルビアのルームソックス。民族的なアイテムをモノトーンに合わせるにもかっこいい。

サボに、ポンポン付き編み上げの靴下。チェックのスカートでノスタルジック風コーデ。

Chapter
5

クリココレクション_Part02

Blause

かつてのチェコスロバキアの民族衣装
でよく見られるのがアイレット刺繍。
生地に小さな穴をあけ、縁をかがった
り、巻き縫いをしたりする技法です。
レースのような仕上がりになり、アイ
レットレースと呼ばれることも。

214

スロバキア（ピエシュチャニ）のブラウス

南部トルナヴァ県ピエシュチャニ の、チェコスロバキア時代のブラウス。アイレット刺繍
がふんだんに施されている。

kuriko's 　東欧の中でも明るい色合わせが多い、スロバキアの衣装が好きです。模様にな
point 　んとなくアジアっぽいテイストを感じるのは私だけでしょうか。このブラウス
　　　　　　は、真っ赤なノースリーブのワンピースに羽織ったり、インドのミラーワーク
　　　　　　のスカートに合わせたりします。

215

アイレットとは、小さい穴やハトメのこと。穴の形、大きさはさまざま。切り込みを入れたり、目打ちで穴を開ける。

アイレット刺繍の技法を駆使して作られた複雑な模様。

スロバキア(ピエシュチャニ)のブラウス
チェコスロバキア時代のブラウス。白のアイレット刺繍に、紫と黄色の刺繍を施したもの。

kuriko's
point
えりの形がかわいくて大好きな1枚。ベストを組み合わせて、えりとそでのかわいさを強調して着たい。小さめの黒のベストできっちりと。ボトムは無地でもいいし、インドのブロックプリントのスカートなども合いそう。

アイレットワークとさまざまな刺繍を駆使した美しいえり元。

そで口の刺繍。レースのような繊細な仕上がり。

222

スロバキア（ピエシュチャニ）のブラウス

チェコスロバキア時代のブラウス。明るいオレンジ色のアイレット刺繍と、カラフルなえり
飾り。226ページのエプロンと組み合わせる。

kuriko's
point
なんといってもこの色が魅力。引き立てるために、茶色やグレー、カーキなど
を組み合わせます。カーキのマキシ丈のボリュームがあるスカ　トに、ヒール
のあるブーツなど素敵。サロペットもかわいい。アクセサリーは糸を使ったも
のがよく合います。

そでいっぱいに施された見事なアイレットワーク。

えりは刺繍とレースワークと組み合わせた手の込んだもの。

色とりどりの糸を使用。銀糸も使われている。

そで口は、アイレット刺繍を並べて、端はボタンホールステッチを施して切る。

226

スロバキア（ピエシュチャニ）のエプロン

前ページのブラウスとセットのエプロン。黒の綿繻子（しゅす）地に、白のサテンステッチの植物の連続模様。すそは花模様と機械織りのレースが施されている。

kuriko's point 刺繍の白とレースがかわいいエプロンは、巻きスカートのように使えます。丈が短めでボリュームがあるので、デニムに合わせても、ポンチョのように羽織っても。もともとリボンは黒の無地でしたが、チェコののみの市で見つけたリボンに付け替えました。

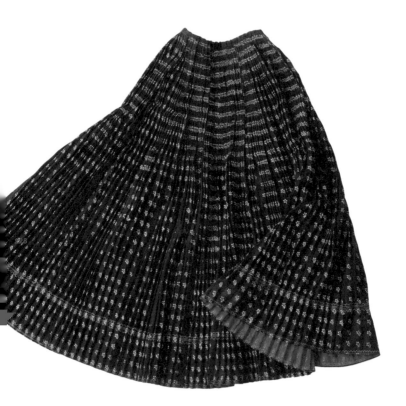

スロバキアの藍染スカート
藍染の伝統的な美しいプリーツのスカート。藍染の布は19世紀後半から20世紀初頭まで盛んに作られていたが、現在スロバキアには工房はない。

kuriko's
point 　東欧の藍染に出会ったのはスロバキア。もう今は職人もいなくなってしまったそう。濃い藍色がきれいで、すその内側に赤い布をあしらっているところがとても好き。チラリと見えるのがいいんです。Gジャンに白いスニーカーなんてカジュアルなコーディネートが楽しくなります。

素朴なろうけつ染めの模様と黄色いステッチがなんともかわいい。

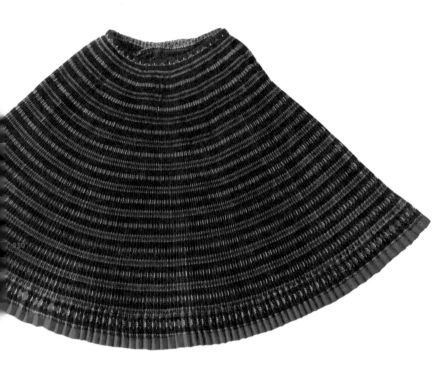

スロバキアの藍染スカート
伝統的なプリーツスカート。東欧の藍染は2018年に世界無形文化遺産登録され、保護や継承の動きがみられる。チェコ側には2軒の工房が残っている。

kuriko's　こちらはより細かなプリーツがたっぷりとしたスカート。すその赤が何ともか
point　　わいいのです。プリーツの動きがきれいなので、大またで歩きたくなります。

プリーツ加工されていない切り替え部分。精緻で美しいプリント。

232

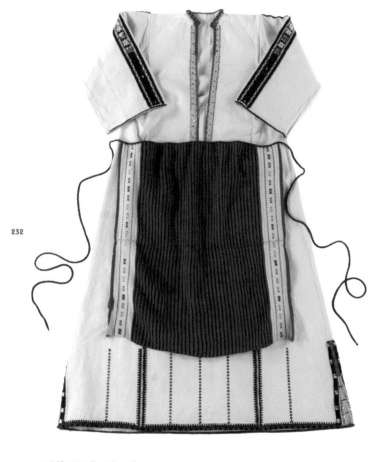

マケドニアのドレスとエプロン

マケドニアは旧ユーゴスラビアの最南端に位置する国。バルカン色の濃いずっしりとした民族衣装の文様は、幾何学模様や様式化されたもの。

kuriko's
point

厚手の手織りコットン製でずっしり重い衣装。とあるコレクターさんからの預かり物です。かっちりしたAラインがかっこいい。メタルのパーツや、銀糸の刺繍など、とにかく凝っています。ピンクがアクセントになっているので、アクセサリーやインナーなどにピンクを加えて着てみたいなと思います。

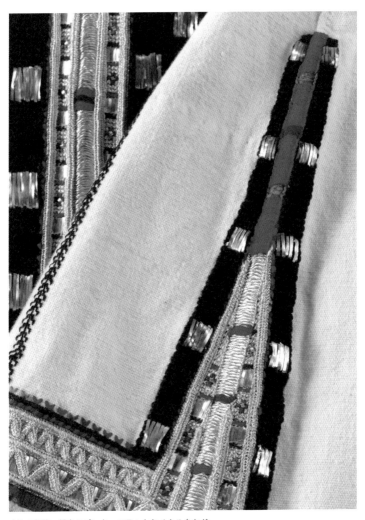

すその装飾。銀糸にピンク、フラットなメタル糸など

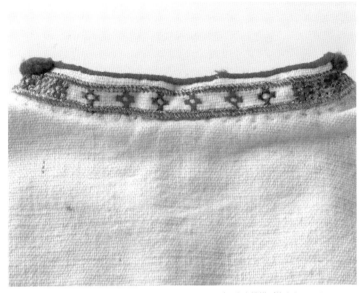

えりぐりの刺繍を背面から。前面は縁飾りに隠れているが、十字模様が施されている。

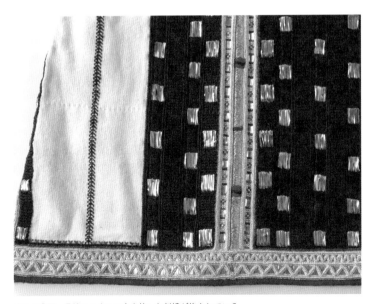

すその背面。黒地にメタルの糸を使った刺繍が施されている。

スイス（アッペンツェル州）の牛飼いのジャケット

ドイツ、オーストリアに近い、のどかな草原が広がるアッペンツェルのおそらく祭りの衣装。
現在も牛追いのパレードなどが行われている。

kuriko's
point　東欧ではないですが、大好きな衣装を最後に。スイスの小さな村の牛飼いが着
ていたというジャケットです。古いものなのでシミだらけでボロボロ、でもそ
のシミのひとつひとつも愛おしく思えます。模様も素朴で愛らしい。男性用な
ので着るのは難しいのですが、見ているだけで幸せな気分になります。

えりまわりにも、すそにも、牛が。日常にあるモチーフが模様に。

そで口とポケット。刺繍はだいぶほどけてしまっているが味わいがある。

東欧民芸クリコ

東京・谷中にある民族衣装と雑貨の店。東欧を愛する店主・くりやまかなこが、年に数回、ハンガリー、チェコ、スロバキア、ブルガリア、ルーマニア、ポーランドなどに旅に出て、蚤の市や現地のヴィンテージのコレクターから買い付ける。現代の感覚で着こなせるフォークロアなアイテムを紹介、コーディネートのコツなどを発信している。

SHOP INFORMATION
東京都台東区谷中2丁目9-9
☎03-5834-1511　不定休
情報はInstagramで発信中。
https://www.instagram.com/kuriko_kuri/

アートディレクション、デザイン／ 那須彩子（苺デザイン）

撮影 ／ 大社優子（民族衣装）、　砂原 文（人物）

編集 ／ 菅野和子

協力 ／ 川口素子、難波ひとみ
　　　　喫茶 ニカイ

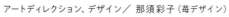

かわいい衣装を探す買いつけの記録とコーディネート

旅と刺繍と民族衣装

2020年6月20日　発　行　　NDC593

著　者　東欧民芸 クリコ

発行者　小川雄一

発行所　株式会社 誠文堂新光社

　　　　〒113-0033　東京都文京区本郷3-3-11

　　　　（編集）電話03-5800-3621

　　　　（販売）電話03-5800-5780

　　　　https://www.seibundo-shinkosha.net/

印刷所　株式会社 大熊整美堂

製本所　和光堂 株式会社